JN076611

アシュタールと私

a memoir

あるスターシードの覚醒

Yoshino

はじめに

　みなさま、はじめまして。アメリカ在住、光のエヴァンジェリストの Yoshino です。この度はこの本を手に取って下さり、誠にありがとうございます！　私は今でこそサイキックを名乗っておりますが、数年前までは普通の人でした。ただ、今振り返ってみると、いつも不思議な事や感覚に遭遇していた幼少期だったかもしれません。だけど、なぜかそれを「人に話す」、という機会はなかったので、幸か不幸か、「変な人」扱いをされずにきました（いや、親はそう思っていた気もする……）。ただ、生きづらさはあったので、色々な感覚に「フタをした」のです。ところが世界が自粛に入った2020年３月、突然色々思い出し、それを書き残しておこうと、本当に急に、記録しだしたのです。最初は自分のために日記を書くつもりで、限定された場所に投稿していた

のですが、それがなかなか好評で、ありがたい事に、一か所にま
とめてほしいというご要望をいただき、こうして本という形でも
っと多くのみなさんにシェアさせていただく事になりました。地
球が波動をガンガン上げていっている今、少し前の事も、思い出
せないくらい瞬時に「過去」になっていっています。だからこそ
今、こうやってアウトプットしていくことは、私にとっての「浄
化」なのかもしれません。この本に書かれている事は、色々そぎ
落とし、シンプルにはしましたが、誇張なしでお届けします。私
の体験談が、少しでも誰かの気づきとなったり、あるいは、ひと
時の不思議体験の共有となれば、幸いです。

＊もしあなたがこのメモワールを読んで、「アシュタールと話し
　てみたい！」と思ったのなら、是非テリー・サイモンさんに連
　絡してみてほしい。きっとアシュタールは、"Well well well,
　my little one!" とあなたを迎えてくれる事でしょう。

目次

カバー・扉デザイン／高岡 聰（takaokadesign）

カバー・本文イラスト／Makiko Tatsumi

校正／麦秋アートセンター

アシュタールと私
あるスターシードの覚醒

CHAPTER ONE

出会い

　アシュタールに出会ったのは、今からもう30年くらい前だろうか。当時住んでいたカリフォルニアの友人に、
「テリーさんっていう、宇宙人としゃべる人がいるんだって。会いに行ってみない？」と誘われ、
「面白そう！　行く行く！」と即答したのが始まりだった。

　数日後には、車を走らせて、テリーさんが当時住んでいたサンディエゴという町に向かっていた。ロスから南に１時間ほど下った郊外の、なーんにもない大自然の中にポツンとあったトレイラーにテリーさんはいた。優しそうな、物腰の柔らかい人。

　他愛もない話をしながら、テリーさんは私を、トレイラーの中に案内してくれた。頭がつきそうな低さの天井の中、ソファーベンチに腰掛けて、セッションが始まった。

　テリーさんがフルトランスに入って、「アシュタール」という宇宙人が現れた。さっきのテリーさんからは想像もつかない、1オクターヴくらい低いおっさん声で「彼」は言った。

"Well well well, my little one!"

　アシュタールはなまった英語で私を迎えてくれた。
　そこから何をしゃべったのか、何を言われたのか、セッションの内容は正直言ってほとんど覚えていない。だけど、あまりにも3次元的な質問に彼も困ったのではないかと、今なら想像もつく。
「時間」が存在しない彼は、たまにトンチンカンな事を言った。
「アシュタール、その会社もう何年も前に倒産しているよ」
「おお〜そうか、そうか」
　いったいどこのパラレルにアクセスしてるんだ？

"Well well well, my little one!"

　あれから何度このセリフを聞いただろう。
「アセンデッドマスター」なんて言葉も、アシュタールが実はイケメン青年だったなんて事も知る由もなく、30年前のあの日から、アシュタールは私にとって、「愛すべきおっさん」となった。

CHAPTER TWO

パラレルワールド

　あの日から、たまにアシュタールのおっさんと話したくなると
テリーさんに連絡した。たまにと言っても、数年空く事も多かっ
た。それはその間、悩みや問題がなかったからではなく、おっさ
んが私に教えてくれた一番のレッスンは、
「**未来は自分で変えられる**」という事だったから。

　２度目か３度目かのセッションで、アシュタールは私に、
「**君は本を書くといい**」と言った。

　昔から文章を書くのは好きだったし、フリーライターとして仕
事もしていた。なんとな〜く「本を出せたらいいな」とは思って
いた。

アシュタールは「**図書館に行くといいよ**」と言った。

最初「図書館？　勉強しろって？」と思ったが、言われた通り、次の日、近くの図書館に行ってみた。

扉が開いた瞬間、目の前に

「**作家になるためのワークショップ**」

の告知がデーンと現れた。「これを受けろって事なのか？」と思い、その場でそのワークショップに申し込んだ。

それが、大切なたくさんの出会いに繋がっていった。

その時出会った何人かは、それぞれのジャンルで作家デビューしている。あの時、アシュタールに右と言われて、左に行っていたら、別の未来があっただろう。つまり、未来など決まっていないのだ。

そしてもう一つ、大事な学びがあった。たくさん素晴らしい出会いはあったけれど、これを書いている時分で私は本は出していない。それは私が、「**動かなかった**」からだ。書いた絵本はあったが、出版社には持ち込まなかった。持ち込んだところでどうなっていたかはわからないが、そのうちそのうちと思っているうちに、年月が過ぎていった。あの時、動いていたら、違う未来にアクセスしていたかもしれない。すでに作家デビューしている私のいるパラレルワールドも、今、存在しているかもしれない。

すべては繋がっている。

逆説的だが、「未来は自分で決められる」と同時に、

「**自分から動いて初めて現実が変わる**」ということを、身をもっ
て体験できた。それがのち、

「**自分の世界の創造主は自分だ**」という気づきに通じるきっかけ
となった。だから、おっさんに私の未来を教えてもらう必要もな
ければ、過去を教えてもらう必要もない。ただ、たまにおっさん
と話したり、答え合わせをしたくなるだけ。

「**自分で気づかせる**」

これこそがアセンデッドマスターのテクニックなのか。

動いて初めて、未来が開ける。想像していたものとは違ってい
るかもしれないが、動いた結果が、私の「今」だ。そしてそれは
自分で創造できる。アシュタールは、それを伝えたかったのかも
しれない。

〈 エネルギーを味方につける 〉

　スターシードは、HSP（Highly Sensitive Person）／HSE〈Highly Sensitive Extrovert）やエンパスの方が多いと思うのだが、私も例にもれず、生粋のエンパスである。子供の頃から、相手の本音みたいなものがわかるし、「この人、泣きたいのになんで笑ってるんだろう」とか、いつも不思議だった。

　HSPとエンパスの違いをよく聞かれるのだが、明確な線引きがあるわけではなく、あえてたとえるなら、私はよく「おなら」のようなものだと言っている。そう、エネルギーって、人が残していったおならの残り香のようなもので、普通の人がその場を通れば、「くさっ！」となる。気づかない人もいるだろう。だけど、同じ場所をHSPが通ると、「くさっ！　死ぬ〜！」と普通の人より敏感に、過剰に反応する。だが、エンパスが通れば、「くさっ！」となるのだが、そのうち、それが他人のおならなのか、自分のおならなのか、わからなくなる。自分と他人のエネルギー（感情や思考）の区別がつけにくい体質をしているのがエンパス。区別はつけられるが、他人のそれに最大限に影響されてしまうのがHSP。ざっくりではあるが、こんな分け方を私はしている。

　HSPの中で霊性、いわゆるサイキック能力が開花している者

がエンパスという分け方も聞いた事がある。

　私は繊細さも、敏感さも、サイキック能力も、ギフトだと思っている。もちろんそう思えなかった時期も長かったけれど、今はそれらを使って生活している。

　以前、こんな事があった。あるカフェに入って席についたら、隣のカップルが喧嘩をしていた。私と一緒にいた人たちは気づいていない。カップルの喧嘩がエスカレートしていく。私は気になって仕方がなく、居心地の悪さを感じていたら、「なんとかできるでしょ」という声が聞こえた。「なんとかできる？　私になんとかしろって言うのか?!　何すりゃいいんだ?!」。知らない人たちだし、まさか仲裁に入れ、というわけでもあるまい。私は、これしかない、と、そのカップルと場にエネルギーを送りだした。そうしたら、徐々に喧嘩がおさまっていって、最後は二人、仲良く手を繋いでカフェを出て行った。

　そんな事が数回続き（すべて高次元の策略）、「場のエネルギーを変える」方法を覚えた。みなさんも、ある場所に行ってその場の雰囲気がイヤだったら、逃げ帰る代わりに、その場を浄化したり、光を降ろしたり、自分に合った方法で、その場のエネルギーを変える、という事をやってみてほしい。「自分にはエネルギーを変えるだけのパワーがある」と、みんなにも体感してほしいから。

渡されたスターシード

　テリーさんはその後、少しずつ少しずつ、知れ渡っていった。なぜか日本人に人気が出ている。今では一年の半分を日本で過ごしているようだが、去年、どうしてもおっさんと話したくなって、ひさしぶりにテリーさんに連絡してみた。

　テリーさんと最初に会った30年前のあの日、
「ハズバンドは病気でもうすぐ死ぬの。でもアシュタールが次の人を用意したって言ってるから、大丈夫なのよ」と話していた通り、2人目か3人目のパートナーさんと仲良く、数度の引っ越しを繰り返しながら生活していた。
　電話番号は変わっていなかった。すぐにセッションの予約がとれた。

アシュタールは相変わらず、

"Well well well, my little one!" と、なまった英語と軽快な笑い声で私を迎えてくれた。

一番聞きたかった事を聞いた。

「私に、星の種、スターシードを渡したっしょ？」

「スターシード」

数か月前に出会った言葉だった。

検索もしていないのに、やたら「スターシード」に関する動画がSNSにオススメとしてアップされるようになった。（宇宙はこうやって、いつでも私達に語りかけている。）最初はスルーしていたが、あまりにもしつこく上がってくるので、動画を一つ見てみた。

見終わって、理由もわからず、私は泣いていた。

遠い記憶を思い出した感覚。

その15年ほど前、私は最初の幽体離脱を経験していた。ソファーに座って本を読んでいた。急に意識が浮いて、座った体勢のまま、身体ごと、ものすごいスピードで、家の壁をすり抜けて、

街を抜けて、国を抜けて、気がつくと、私は外から地球を見ていた。地球はまんまるで、蒼くて、それはそれは美しい星だった。「ああ〜地球って本当に蒼いんだ〜。水の星なんだ〜。私は、**自分で、この美しい星を選んでやってきたんだ〜**」と思った。その瞬間、意識が身体に戻って、号泣していた。今回動画を見終わった後も、あの時と同じ感覚だった。

　スターシードとは、「**アシュタールに手渡された星の種**」と知り、居ても立っても居られなくなり、「アシュタールに直接確認しなくちゃ！」と思った。私の質問を聞いたアシュタールは、よほど嬉しかったのか、高らかに笑い、
「ほっほっほ〜やっと気づいたか。その時の事を話してあげよう」と、聞いてもいないのに、私にスターシードを渡した時の事を話し出した。

CHAPTER FOUR

アルクトゥルス

　それはアルクトゥルス星での事。私は孤児院で働いていた。子供たちの面倒を見ていた「美しいお姉さん」（←アシュタールの言葉）だった。アシュタールの乗る宇宙船は、定期的にやってきて、子供たちに食べ物やおもちゃなどの物資を届けてくれた。子供たちはアシュタールが大好きだった。いつもありがとう、とお礼を言う「素敵な女性」の私（←アシュタールの言葉）。

　アシュタールはその日、珍しく私を外に連れ出し、ベンチに座らせ、「地球」という星について、語りだした。その星には動物や植物や水というものが存在していて、それはそれは美しい星であると。その美しい星が今、環境破壊や略奪、エゴや被害者意識その他様々な状況により、存続の危機に立たされている事。そし

て、その星を救う勇気ある者たちを集めていると。それを聞いて私は言った（らしい）。

「その美しい星を救うのに、私に何ができるの？」

「できる事はいくらでもある。その時が来たら、わかるだろう」

そして、スターシードを渡された。私がアシュタールと、**スターシードの契約**を交わした瞬間だった。

　この話を聞いて、私はまた号泣していた。

　そうか、だから私はこんなにも地球が好きなのか。動物も植物も愛している。地球のために人類が邪魔なら、この命いくらでも差し出そう、とさえ思う。おっさんは、私にこの事を30年もの間、言わなかった。

「なんでさっさと教えてくれなかったんだろう?!」

　とは思ったが、愚問だ。彼は、聞かれた事にしか答えない。おしゃべりな彼でも、その人のタイミングで、その人のレベルで、話すべき事だけを話す。

　ちなみに、おっさんはよほど嬉しかったのか、延々とこの話をし、私が他に聞きたかった事は結局聞けず、時間になりテリーさんのアラームが鳴ってしまったので、

「おっ、時間だ。じゃマイ・リトル・ワン、まったね〜」

　と帰っていった。お〜い、おっさ〜ん、言いたい事だけ言って帰りやがった〜。まっ、それはさておき、私にとっての「その時」とは、「令和」の幕開けとともに、始まった。

〈 浄化組、光組 〉

　スターシードには、私の現在知る限りでは、場や人を浄化する「浄化組」と、そこに光を降ろす「光組」がいる。

　浄化組は、いわゆる「歩く清浄機」で、その人と話すだけで相手はスッキリしたり、グラウンディングされたり、大きな気づきがやってきたりする。他にも、浄化組は寝ている間に、必要な場所で浄化作業をさせられているので、寝たのに、起きたら異様に疲れている場合がある。

　光組は、光を降ろしたり、光の柱を立てたりする。光を照らすことで、その場や人の本質的な輝きを取り戻すお手伝いをする。その人といると、自然と元気になったり、自分が好きになったりパワーがみなぎってきたりする。また、迷子になっている霊を光に導いたりもするので、知らないうちに除霊している場合もある。

　スターシードは、必ずしもどっちかではなく、浄化も光を降ろすのも、両方やっているのだが、得意分野はあるものだ。私は光組なのだが、4次元の浄化作業に駆り出された日などは、寝ても寝ても眠いし、やたらと身体が疲れる。そういう時は高次元に、勝手にお役目をさせられている時。高次元は、肉体を持たないので、「身体の限界」や「疲れる」という感覚がわからない。だか

う、いくらでもお仕事をさせられてしまう。そういう時は、自分
から高次元に言わねばならないのだ。「今日は疲れたので、お仕
事しません」と言って寝るとか、「いつもの半分でお願いします」
とオーダーを出したりすると良い。

　あと、光組は、光を降ろしながら、自分も満たされていくので、
浄化組ほど疲れたりはしないのだが、浮遊霊や低級霊に気に入ら
れてしまうと、やっかいだ。そういう時は、塩やエプソム・ソル
ト入りのお風呂に入ったり、「まずは自分」を大切に過ごしてみ
よう。

「浄化組」と「光組」、どちらもスターシードの大事なお役目。
さて、あなたはどっちかな？「他にもこんなお役目があるよ！」
という方は、是非教えてほしい。

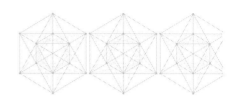

CHAPTER FIVE

令和の始まり

　あの日、私はキッチンテーブルで、パソコンに向かっていた。何を書いていたのかは忘れたが、言葉の神様が降りてくるのはいつも真夜中過ぎ。その日も深夜の２時近くだった。急に右目の上あたりから、まぶしい光が差し込んできた。外は真っ暗なのに、まぶしい。

　なんだ、この光は？

　私の目がおかしいのか？　脳か？　疲れか？　私は目を開けていられなくなり、パソコンを閉じ、そのままベッドルームに向かった。ベッドに横たわって目を閉じても、まぶしかった。瞼の奥がまぶしい。まぶしいな〜と思いながら、眠りについた。

　翌朝、まだなんとなくまぶしくて、ちょっと霊感のある友人に「夕べから、なんかまぶしくない？」って聞いたら、

「う〜ん、それはわからなかったけど、2時過ぎに目が覚めたな〜」と彼女は言った。そして二人してハッとした。

　昨日は、**日本が「令和」になった日**だった。

　多少の時差はあったが、それは確かに日本の方角からやってきた光だった。

「**日本の波動が上がった**」

　疑いようのない感覚だった。

　日本という島から外に向かって、美しい光の矢が、何本も何本も、噴水のように出ていた。まぶしい光は、それから2日ほど続いた。

CHAPTER SIX

バシャールとイササニ

　15年前の幽体離脱以来、たまに、意識的に身体を抜けられるようになった時期があった。そもそも私にはスピに関する知識がほとんどなかったので、何が起きているのかの判断材料がなかった。

　ただ、感覚で感じて、楽しんでいただけ。

「知識より体験が先」型らしい。

　意識だけ、どこかに行って、遊んで帰ってくる感じ。

　眠りに落ちる直前の激リラックスした状態の時だけ、それができた。空を飛んで帰ってくる時は、数秒の事なのに、身体の疲れが異様に回復していた。ある日、眠りに落ちる寸前、

「あっ、身体抜けられそう」って思った瞬間、頭の中で「今日は

どこに行きたい？」という声が聞こえた。

　そして私はなぜか、「**イササニ**」と言っていた。

「イササニ」とはバシャールがいると言われている星で、今は

「エササニ」という呼ばれ方の方が主流になっているようだが、

当時は「イササニ」が多かった。

　そしたら、目の前に大きな窓が現れて、両扉がバーンって開い

て、**宇宙に飛び出した**。目の前に現れたのは、小さな丸い惑星で、

オレンジ色だった。私はその惑星の周りを飛んでいた。一周して

も、可愛い家やビルがひしめき合っているだけで、道もなければ

人もいなかった。

　夕焼けのようなオレンジ色の小さな可愛らしい惑星。

　これは本当にイササニ星なのか？

　今でもよくわからない。そもそも私は、アシュタールのいる宇

宙船ではなく、なぜ話した事もないバシャールのイササニ星に行

きたいって言ったのだろうか？

　関係ないけど、ダリルさんのイメージが強すぎて……。

　バシャールも……おっさんだな。

　シルバーバーチも、おっさん。

　みんな、愛すべきおっさん。

〈 身体がアセンションへのカギ 〉

　セッションには、傾向というものがあるが、最近はセッション中に、「性的虐待を受けた過去」が浮上してくる方が多い。ほとんどの方が「この話をする予定ではなかった」と言う。この傾向はなぜだろうと思ったが、考えてみたら、当たり前だ。「身体を持つ」という経験をするために地球に来たのだから、「身体」がテーマの体験、虐待や病気、そういうものが多くて当たり前なのだ。メンタルだって身体と直結している。切り離して考える事はできない。そして、「身体を持ったまま」アセンションしようとしている今、心の奥底に仕舞い込んでフタをしていた出来事が浮上してくるのは、その方の癒しの最終段階に入った証拠だと、私は感じている。アセンションへのカギは「身体」なのである。

　私自身も最近では、ライトボディ化が進み、「素粒子」となった。それは、素粒子に「戻っていく」体感。「私達は素粒子で出来ている」って、理解して、わかった気になっていたけど、全然わかっていなかった。「人間として体感した」というのとも違う。戻って行った。元々の姿に戻って行った感覚。そしたら、「具現化はもういいよね」って聞こえた。この3次元は、思考やエネルギーが具現化した世界なわけで、私は「人間」やってるんだから

その具現化した世界を大切にしたいし、大切なんだけれど、それ
さえも、「もういいよね」って、聞こえてしまった。自分の声だ
った。そしたら、意識が拡大して、スピリチュアルとか、「目に
見えない」世界自体が3次元だったんだな〜って。意識って、い
ったいどこまで拡大するのだろう？　じゃその先には何がある
の？　って思うけど、今はわからない。常に途中経過。でも、や
っぱり私は人間だし、死ぬまで「人間」を立派にやっていきたい
のです。外（宇宙）ばかり見ていないで、内（自分）を見ていた
い。内なる宇宙を。

CHAPTER SEVEN

宇宙人とザシキワラシ

　思い起こせば、大学生の頃だから、今から10年前……。ウソです。30年くらい前に、私は宇宙人と遭遇している。

　その日、友人の家に泊まりに行っていた。友人はベッドで雑誌を読んでいて、私は隣の布団で「寝ようかな〜」と目を閉じた。その瞬間、身体が鉛のように重くなって、動かなくなった。「ああ〜金縛りだ」とわかった。

　私は空を飛んだり意識が身体を離れるのは平気なくせに、金縛りは大嫌いだ。自由がきかない状態は恐怖でしかない。普段は手など、一か所に集中すると一瞬でとけたりするのだが、その日は何をしても動かなかった。隣で鼻くそほじりながら（目を閉じていてもわかった）雑誌を読んでいる友人に「助けて〜!!」と叫ん

だが、声が枯れるほど叫んでも、彼女にはまったく何も聞こえていないようだった。

　　　　私が金縛りをとこうと必死になっていると、部屋のドアが、バン！　と開いた。そして、なんと、小さい宇宙人（宇宙人の格好をした子供みたいな感じ）が一人、こそっと入ってきた。その子は、部屋の中をキョロキョロと見回し、どこからか現れた砂場で遊びだした。

　そしたら今度は、別の宇宙人が一人、またこそっと入ってきて、走競走でもするかのように走りだした。そこから小さい宇宙人が一人また一人と増え続け、気がついたら10人以上の宇宙人が壁やら天井やら、狭い部屋の中を駆け巡って、フラワラわちゃわちゃガヤガヤ遊びだしてしまった。

「なんなんだ、こいつら〜！」と思ったが、いかんせん身体も動かないし、声も出ない。そしたら突如、部屋の中に車が出現して、子供たちがその車をバックさせたりしてふざけている。

　　　　私は布団の中から「危ない！　ひかれる〜！　殺す気か〜！」と叫んでいる。そうこうしているうちに、宇宙人が一人、部屋から出て行った。そしてまた一人、また一人とドアの向こうに消えて行った。

　最後に、私の胸の上に座って、じっと私を見下ろしていた宇宙人が部屋を出て、ドアがパタンと閉まった瞬間、金縛りがとけた。

飛び起きた私は隣で悠長にまだ雑誌を読んでいる友人に「なん
で助けてくれなかったのよ！」と悪態をついた。友人は「は～？」
とキョトンとしている。そりゃそうだよね……。

　宇宙人の話をしたら、彼女は「座敷童（ざしきわらし）でも見たんじゃない
の？」と言った。

　ここで面白い事が起きる。この日から30年間、私の記憶の中で
ウチュウジンがザシキワラシにすり替わったのだ。 ず～っと長い
間、私は座敷童を見たと思い込んでいた。それが去年、急に思い
出したのだ。

　あれは座敷童なんかじゃない！　宇宙人だった！ という事に

　人の記憶ほどアテにならないものはない。だから過去に執着す
るのはエネルギーの無駄なのだ。

　この日、わけもわからないまま寝て、
翌朝アパートに帰ったら、駐車場から
愛車が盗まれていた。

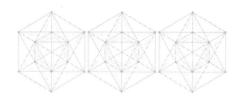

天気の巫女

日本での一時帰国中に、絶対行きたい場所があった。

それは**伊勢神宮**。

ある YouTuber さんの動画を見てから、どうしても行きたいと思っていた。その動画は、伊勢神宮で買ったという鈴が写っているだけのものだった。でもその鈴の音を聞いた時、脳天がしびれた。

「あの鈴が欲しい」

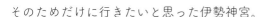

そのためだけに行きたいと思った伊勢神宮。

日本滞在は長くなかったので、キチキチのスケジュールの中に伊勢神宮へ行く計画を詰め込んだ。日本に着いて、いつものように、まずは地元の友人とファミレスへ行った。

私はファミレスが大好き。

　時差ボケで寝そうだったけど、ひさしぶりの会話に花が咲いた。友人が、

「なんで伊勢神宮に行きたいの？」と聞くので、例の動画を見せた。「この鈴がね、どうしても欲しいの！」と言った瞬間、気づいてしまった。

**　その鈴は、伊勢神宮ではなく、出雲大社のものだった……。**

　私としたことが……。神社違い……。

　私はおっちょこちょいではない。

　いくら方向音痴とはいえ、こんな間違いするか？　しかも、この動画、何度も見ている。なのに、今の今まで気づかないなんて……。

**　呼ばれたな、と思った。**

　今更変更している余裕もないし、これは予定通り伊勢に行くしかない、と腹をくくった。

　伊勢神宮の内宮（ないくう）について、なぜ呼ばれたのか、わかった。

　あのドでかい鳥居を見た瞬間、号泣していた。

　恥ずかしかったけど、止まらない涙をぬぐいながら、案内の方について奥へ入っていった。前日に外宮<ruby>外宮<rt>げくう</rt></ruby>で見えた、赤い着物を着た子供の自分。この辺で遊んでたんだろうな、と思って、内宮の川に沈めた自分の手が子供の手だった。

　あとで、案内の方に聞いてみた。
「赤い着物って何か意味がありますか？」
　そしたら、
「ああ〜赤い着物は巫女さんが着ますね〜」
　と彼は言った。
　自分が過去世のどこかで巫女だった事はうすうすわかっていた。今、それが伊勢神宮でだったとわかった。

　その夏は「天気の子」が公開されていた。
　あの映画を見たとき、
「あれ（祈りで晴れにする）、私もできるわ」
　と、やった事もないくせに思った。そして、点と点が繋がるように、自分が伊勢神宮で天気の巫女をやっていた過去世を思い出した。だから晴れ女なのか〜。
　でも、次は行くぞ、絶対行ってやる、出雲大社。

〈 ジョイ 〉

　私は、幽霊を見た事がない。正確に言えば、低級霊を見た事に
ない。幼い頃から、私の周りには、常に「幽霊を見る」、つまり、
「霊感の強い」友達がいた。一緒にいると突然とり憑かれて倒れ
たり、一緒に歩いていると、急に「ね、今すれ違った人、変じゃ
なかった？」って聞かれたけど、誰もすれ違ってなんかいなかっ
たり、「今通り過ぎて行った車のタイヤんとこに、なんかの動物
が張り憑いていた。ひいたんだね」って言ったり、とにかく、み
んな、色々、見る。だけど、私は見ない。だから、私には「霊感
はない」と思っていた。そもそも、幽霊など見たくもない。その
思いが強いから見えないんだ、と言われた事もある。

　ところが大人になってからのある日の事。友人の家で、二人で
キッチンに立って皿洗いをしていた時、左目の隅っこに、ふと、
犬が映った。ん？　と思った。友人は犬など飼っていない。飼っ
ていないのを知っていて、聞いてみた。「犬、飼ってないよね？」
「うん、飼ってないよ（笑）」と友人は言った。私は、その時、
目のすみっこに見えた犬の特徴を話した。「白くて、毛がふさふ
さしてて、目が隠れるくらい長い、シュナウザーみたいな小型
犬」。そしたら友人が「ジョイだ！」と叫んだ。「絶対ジョイ！

34

いたの?」振り返ったけど、意識をしたせいか、私にはもう見えなかった。だけど、エネルギーとして、まだそこにいる。舌を出して、友人を見ている。そんなビジョンだけが脳裏に広がった。

彼女は今まで私に一度も話した事のない事を、話し始めた。彼女がまだ10代の頃、家の環境が複雑で、飼っていた犬のジョイだけが友達だった時期があったと言う。家に居場所がなくて家出した時も、ジョイがいてくれた。だけど、そんな心のよりどころだったジョイが、ある日突然、いなくなってしまった。「人懐っこい犬だったから、きっといい人に拾われて、可愛がられているだろう」と、祈るように願い続けて20年。そのジョイが、会いに来てくれたのだと言う。私には「お礼参り」という言葉が聞こえた。ジョイが天命を終えて、虹の橋を渡るまでに、大好きだった友人に最後に会いに来た。友人は「ジョイの写真があるから探してくる! 待ってて」と言って、部屋を出て行った。だけど私は、「見つからないだろうな」と思った。案の定、友人は「絶対このアルバムの中にあるはずなのに! ない!」と言って戻ってきた。なぜだか、こういう時は、出てこないものなのだ。

振り返れば、私が、動物のエネルギーを感じたのは、この時が初めてだった。私は動物が大好きだし、その友人の事も大好きだった。友人とジョイと私。3人の波長が合ったから、見えたのだと思う。波長・波動が絶妙のタイミングで合わさった時、素敵な化学反応が起きる事がある。そんな化学反応は、実は、私達の周りで、常に起きている。「シンクロ」と言ったりもする。気がつくか、つかないか、それだけの違いなのだ。

CHAPTER NINE

スピリット・アニマル

　大昔、ネイティブ・アメリカン（インディアンと呼ぶことにする）と白人のハーフの同僚がいた。そんなカテゴリーが存在するのかわからないが、本人がそう言っていたので、そういうことにしておこう。

　彼は、ちょっと褐色がかった肌に、ブルーのような、薄いブラウンのような眼をしていた。彼のおじいちゃんはスー族、おばあちゃんはチェロキー族だった。相反する種族の結婚など許されない時代に恋に落ち、駆け落ちをして、彼のお母さんが生まれた。

　同僚は、誰にでも、守護動物がついていると言った。

　インディアンの血を受け継ぐ男子はある年齢になると、成人の儀式として、自分の守り神となる動物がなんなのか、自分で知るために、何日も山にこもるらしい。

彼も、飲まず食わずで何日も山にこもり、自分とそしてスピリット達と対話し、内観し続けた。そしてついに現れたのが、オオカミ達だった。彼は、四つ足でオオカミ達と山を駆け巡り、彼自身がオオカミになったと言う。

山を下りた彼を、おじいちゃんが待っていた。

「わかったか」と。

おじいちゃんにはオオカミは見えていた。だけど、彼が自分で気づくよう、何も言わなかった。

彼はオオカミのように強く、そして優しい人だった。

普段はおちゃらけ者で、オーラの話とか、FBI にいた時の話とか、スピリット・アニマルの話を面白おかしくしてくれた。

「ねーねー、私には何のスピリット・アニマルがいるの？」

私は聞いた。

「フクロウだ。フクロウはかしこい。弁護士になる人が多い。『X‐ファイル』（昔、一世を風靡したオカルト系テレビ番組）のディレクターもフクロウだ。君のフクロウをもっと自由に空を飛ばしておやり」と彼は言った。それから、同僚たちのアニマルについても色々教えてくれた。どの人もそのアニマルの特徴が出ていて、面白かった。

私はたまに芸能人の写真を見せたりもした。キム〇クの写真を

見せた時はこう言った（彼はキム〇クを知らない）。

「孔雀だね〜羽を広げてないと普通の人と変わらないけど、一旦羽を広げると、才能が開花する」

　彼は芸能人だよと教えると、

「羽を広げる場所が見つかってよかったね」と言った。

　それから間もなくして、彼は転職していった。

　すっかり音信不通になってしまったが、彼は今頃どこで何をしているのだろう。私にとてつもないギフトをくれた人だった。

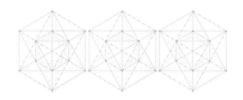

ファルコンの出現

　2019年の台風19号の頃、日本にいる友人からヘルプ要請が出た。これから飛行機に乗るけど、怖いと。天候で羽田に戻る可能性もあるとアナウンスがあったから、天気を変えてくれと。

　オッケー♪

　と軽い感じで返事をしたが、なぜか「できる」と根拠のない自信があった。

　瞑想に入り、意識を地球から日本へ移し、日本上空に差し掛かっている台風に意識を集中させた。

　その時、目の前に何かデカい物が現れた。なんだこれ？　と思って、その物体にフォーカスしていったら、ウロコらしきものが見えてきた。

龍のウロコだった。

パンアウトしたら、それが龍の後頭部だとわかった。

おお～ついに現れたか龍が。でもなんで後頭部なんだ？

「おい、顔を見せろや～」と思った瞬間ハッとした。

私が乗ってるからだ……。

龍の背中に乗ってるからだ～！

なんだかよくわからないまま、その龍と一緒に台風をヒーリングした。無事飛行機が着陸した友人から、

「全然揺れなかった～サンキュー天気の巫女♪」

と連絡があった。

翌日、その龍に名を聞いてみた。

龍は「**ファルコン**」と答えた。

『ネバーエンディング・ストーリー』かよ、おい……。

「ファルコンは何龍なの？」と聞くと、

「わしは白龍じゃ」と言いながら、私に見せてくる姿は金色をしていた。おい、おちょくっとんのか。一筋縄じゃいかないなと悟った私は、次の日、もう一度ファルコンとやらに聞いてみた。

「もう一度聞くけど、あなたは何龍なの？」

そしたら今度は虹色ストライプの龍を見せてきた。

レインボーか！　ゲイなのか！　おい！　ストライプの龍なん

ているわけないだろ！　龍のくせにウソつき〜と思った。

「こうなったらオラクルカードに聞いてやる」と、もらったばか

りで開封もしていなかった龍神カードを1枚引いた。そしたらデ

ーンと出てきました、**虹龍（こうりゅう）**が。

「あっ、いた、虹色の龍……」

　ごめんよ、ファルコン、ウソつき呼ばわりして。

　こうして私は地球レベルのヒーリングをする時は、ファルコン

を呼ぶようになった。最初はなんか頼りなかったファルコンも、

色々進化をとげ、今は宇宙龍となった

（もともとそうだったのかもしれない

が、よくわからん）。

　ファルコンは、呼ぶと宇宙からにょ

ろにょろデーンとやってきて、お仕事

して、3分くらいで宇宙に帰っていく。

　おっさん宇宙人の次はウルトラマン

龍か。

〈 エネルギーは幾何学模様 〉

この世のすべてはエネルギーである。私達もエネルギーである。

ある時から、人の後ろに、雪の結晶のような模様が見えるように
なった。

その人の背中から外に向かって、細かい、キレイな結晶が、き
らめきながら、にょきにょきにょきと伸びていく。オーラとも違
う、もっとその人の本質的な、眩いばかりの光。

それが、その人の放つエネルギーだとわかったら、紙に残して
おきたくなった。

いく日もいく日も、とり憑かれたように、曼荼羅を描き続けた。

たくさんの人達の光を描かせてもらったし、幸運な事に、今は
それをお仕事にさせてもらっている。

その人のハイヤーセルフと繋がらせてもらいながら描く曼荼羅
は、私が思っていたのとは違う場合も多い。

手が勝手にデザインをして、勝手に色を選んで、勝手に仕上げ
ていく。

そこに私が、その人の本質が活性化されるアクティベーション
をこめさせてもらう。

出来上がったものを見て、自分でびっくりしたりもする。この

〜ってこんな本質だったんだね〜とか。

　以前、亡くなったご主人とお話ししたいと、私のセッション（※）を受けて下さった素敵なご婦人がいた。ご主人は数年前にご病気で先に地球をご卒業されていたが、菩薩（ぼさつ）のような広い器の方だった。そのご婦人から、セッション後に、曼荼羅のご依頼を受けたのだが、シャワーを浴びながら（私はシャワー中に、高次元からのメッセージが降りてくる事が多い。水の浄化パワーってすごい）降りてきたのだ、「二人の光が合体した曼荼羅」と。そうだ、あのご夫婦は、すでに統合している。ご主人の光の中に、彼女がすっぽり収まっている。私は、「お二人の統合した光を描かせて下さい」とお願いした。彼女も喜んでくれた。

　アートもエネルギーである。コロナでエンターテインメントを取り上げられ、誰もが見直したであろう。

　人にエンターテインメントは必要なのか？　アートや音楽やダンスは必要なのか？

　私の答えは、YESだった。私たちは誰もが、アーティスト。

　誰もが、想像し、創造していく。それが魂の本質なのだ。お金になるとか、名が売れるとか、関係ない。

　やりたいからやっている。子供のように。常に創造している。それが私たちの本質だから。

※ P53「亡くなった人からのギフト」参照

CHAPTER ELEVEN

悪魔と出会う

　私は昔、悪魔に会った事がある。

　信号待ちをしていた助手席で、横に停まった車にふと目がいっ
た。運転席にいた男と、目が合った。その瞬間、全身に、今まで
感じた事のない、氷のような冷たいエネルギーが、頭のてっぺん
からつま先まで、ものすごいスピードで駆け抜けた。

　彼の瞳は大きく、澄んでいた。でもその瞳には、魂がなかった。
人間的な感情は何もなく、
「この人は、何人も、人を殺している。なんの躊躇もなく」と
直観した。残酷な方法で人を切り刻んでも、何も感じない、人を
殺すのに理由なんていらない、彼の瞳はそう言っていた。

44

人が、悪い事と知っていてやる「悪」とも違う。

悪を悪と認識していない。

「人ではない」。そう感じた。

私はゆっくり視線を外し、何事もなかったかのように、早く信号が変わってくれと祈りながら、静かに前を向いた。こんなのに目をつけられたら、逃げられない。とにかく気配を消して、彼の視界から消えるしかない。

信号が変わって車が発車して、恐る恐る後ろを振り返った。彼の車が追ってきていないのを確認して、私は安堵した。

悪魔と会ったのは、あの一度きり。なぜ、私はあれと出会わされたのだろう。なぜ、悪魔だと気づいたのだろう。あの瞳は、今でも脳裏に焼き付いている。長く続いた二極化の時代では、あれを闇とでも言うのだろう。

でも**闇も光**。闇は光のために働いている。

地球の闇と光が統合していっている今、自分の中でも、陰陽統合は進んでいて、ある時、「**闇でも愛している**」という究極にたどり着いた時、自分の中で、意識がバン！　と音を立てて拡大した。意識が2倍にも3倍にも拡大して、次元上昇した。そこは別

世界だった。

　闇と光の違いを体験するために、あの日、悪魔に会ったのだろうか。それなら、感謝しなければならない。だけど、みなさんには、一つだけ忠告しておこう。

　悪魔は、人間の姿をしている。

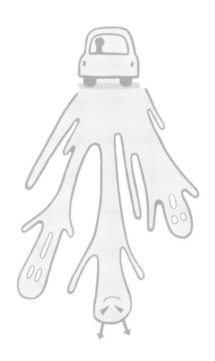

〈 隣の家のクソババア 〉

　隣の家のクソババアの話をします。隣の家のクソババアが先日、うちの庭に出ているバスケットゴールにいちゃもんつけてきたわナ。普段なら、「あっそうですか、はいはい」ってスルーするのこ、この時、私の中でブチって何かがキレて、「私に物申すなんて100年早えんだよ！」（誰？　出てきたの誰？）とは言わなかったけど、似たような事を言って、ドアをバン！　って閉めたのよ。クソババアもびっくりしたと思うのよね。私もびっくりしたもん。でもね、すっごいスッキリしたの。大人げない態度とは思ったけど、「だからなんだよ。お前に指図される言われはねーんだよ」って、本気で思ったわけ。で、後で反省するどころか、自分の気持ちに素直に行動できた自分がえらい、とかまで思っているわけ。

　でも、ここ数年、怒りなんて感情はなくなっていたのに、急に出てきたその怒りに、自分でびっくりしてね。怒り通り越して、殺意を覚えたね。クソババア、死ね、とまで思ったわけよ。で、これはなんなんだろう??　と思っていたら、私の中の忘れていた記憶が急に蘇ったの。小学生の頃、スクールバスの中で、男子に思いっきりお尻を膝蹴りされて、痛かった事。大人になってから

仙骨の先端が折れている事がわかって、それが原因で今でも痛みがある事。今の今まで、どっかで転んでお尻打ったのかなって思っていたけど、あの時の男子のせいだって、急に点と点が繋がった。そして、あの時、私が何も言い返せなかった事も思い出したそうだ、あんなに痛かったのに、恥ずかしくて、声が出なかったレイプでもされた気分だった。親にも言えなかった。その男子の顔は今でもハッキリ覚えていて、特に感情が揺さぶられるような記憶でもなかったのに、やられた事より、言い返せなかった自分に対して、嫌悪感があったんだって、今わかった。

　そしたら、芋づる式に色々出てきたわけ。小学生の頃、廃墟となってた電電公社で友達と遊んでたら、数人の男子にでっかいぞを何個も投げられて顔や身体が膨れ上がった事。柵の中にいたから、逃げられなかった事。檻の中にいる動物って、こういう気分なんだなって思った事。なんでこんな目に合わなきゃいけないんだって、痛さより悔しさで泣きながら帰った事。これはさすがに親に隠し切れず、一人の男子が親にひきずられて謝りに来た事も思い出した。でも私は黙って親同士の会話を聞いていた。悔しくて、恥ずかしくて、何も言えなかった。被害者が隠れるってこういう気分なんだなって知った。大袈裟に泣いて、お嫁にいけない！　くらい言えばよかった。慰謝料ふんだくるとか。あと、友達の弟に背中蹴られて、階段を転げ落ちた事とかも思い出した。あれも恥ずかしくて、言えなかった。なんで恥ずかしいのかわからない。でも、そんな扱いを受けている自分が恥ずかしかった。相手の親に言いつければよかった、と今更ながらに思う。自分で

自分をかばってあげなかった事に、一体何やってんだ……って、思う。だから人に求めていたんだな。私が彼氏とか友達に求める事の、一番最初にくるのが「かばってくれる人」だった理由が、今わかった。自分で自分をかばってあげてこなかった、かばえないと思い込んでいたからだ。

　しかし、こう振り返ると、だいぶ、男子に暴力ふるわれてるな。そのお陰で、DV男とかには敏感だし、ギリの所で逃げられた事もあるし、ラッキーと言えばラッキー。でも暴力の多い映画やアニメは観られないし、あまり男っぽい人も苦手。怖い。そしたらね〜過去世でもあったのよね〜。色々。石投げられて死刑だとか、火あぶりの刑だとか、ギロチンだとか、引きずり回しの刑だとか、色々。そして同時に、自分もそっち側にいた時代もあったんだろうなって。光の強い人は、闇も強い。私の中の光と闇は統合しているので、そこはすんなり受け入れられるんだけど、具体的には思い出していないし、思い出す気もないし、思い出す必要性もないって、信頼する人が言ってくれたから、ただ癒す。癒すためだけに、全部出てきてくれたんだな。すごくない？　壮大だ。そういう意味では、クソババアも一役買ってくれたわけだから、感謝なんだけど、やっぱりクソババアはクソババアだ。

CHAPTER TWELVE

やつらが帰ってきた

　ザシキワラシ宇宙人達に車を盗まれてから（勝手にやつらが盗んだ事になっている）、実に30年ぶりの今年の春、やつらが帰ってきた！

　あの日、夜中に、まぶしい光で目が覚めた。紫色のまばゆい、車のヘッドライトのような光が、ベッドルームに一直線に、窓からまっすぐ差し込んでいた。寝ぼけ眼で起き上がり、
「まぶしいな〜車のビームか？　でもきれいだな……」
　とそのパープルの光をボーっと見て、また枕につっぷした。
　そしてハッとした。
　ここって、３階……。車のライトなんて届かない！　ガバッと起き上がって光の差し込む方を見たら、いた！

宇宙船が！

　小型の一人乗り用の、アミ（エンリケ・バリオス著『アミ　小さな宇宙人』参照）が乗っているようなユーフォーってやつが、3階の窓の外にいたんだ。

　シルエットしか見えなかったけど、頭の大きい、肩幅の狭いひょろっとした宇宙人が一人乗っていた。

　そしたらテレパシーで聞こえてきたんだよ
「ヤベっ、見つかった！」って……。
　宇宙人がヤベって言った……。
　私は頭の中で
「その宇宙船、名前あるの？」
　って聞いてみた。そしたら
「5」って……。

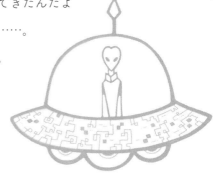

　番号かい。なんとか号とか、素敵な名前はないんかい……。

　そして、瞬きをしたら、部屋の中は真っ暗だった……。今のはなんだったんだろう……。「ああ〜乗せてくれって言い忘れた〜！」

　と思ったが、時すでに遅し。もういなかった。一瞬の出来事だった。ボーっとしたまま、頭を枕に戻して、結局二度寝した。

朝起きて、あれは夢だったのだろうか？　と思った。ふと、ベッドサイドテーブルに広がっているノートに目が留まった。
「むらさき」
「５」って、きたねー字で走り書きしてあった。

あれは夢じゃなかった！

　寝る前に忘れないように自分で書いたんだった！
　走り書きには「子供たちのために」とも書いてあった。そう言えば、「子供たちのためにありがとう」って言われたのを思い出した。どういう意味だったのだろう？

　それにしても、ああ〜ちくしょ〜宇宙船に乗せてほしかった〜!!　と思いながら、SNSを見たら、最初に目に飛び込んできたのが、フォローしている人が描いた、夕べ見た頭の大きい宇宙人のイラストだった。イラストの下に
「**アルクトゥルス人**」と書いてあった。

　夕べ来たのはアルクトゥルス人だったのか〜！
　子供たちって、アルクトゥルスでの孤児院の子たちの事かな〜？　まさか、その子たちが私の車を盗んだ?!　わからないが、今回は車は無事だった。

〈 亡くなった人からのギフト 〉

　私は、亡くなった人と再会する「もう一度」というセッションをさせていただいているのだが、1年経った頃、「進化させたい」と思うようになった。人もセッションも常に「進化」させておきたい。そんな時、「コーヒーが冷めないうちに」（2018）という映画を観た。そして、これだー！　と思った。時空を超えた人が、過去から手紙を持ち帰ってくる。可能だ！

　と思った。そして、自分のセッションでもやってみた。

　ある日のセッションで、「亡くなった方に再会してもらう」だけでなく、「亡くなった方から依頼主さんに、3次元的な形のあるプレゼント」をお願いした。

　セッションから約2週間後。キター！「亡くなった方からのギフト」キタ──（ﾟ∀ﾟ）──‼　依頼主さんから、亡くなったご主人からプレゼントが届いた！　と連絡をいただいたのだ。お子さんから突然「本を購入できるようになったから、お母さんがずっと迷ってた本、買いに行こう！」と連絡があったそう。その本は、亡くなったご主人が治療の一環で受けていた「量子場調整」に関する本だったのだが、メジャーな本ではないのに、近くの書店にたまたま置いてあった事、「誰にも迷惑をかけずに」、つまり

タダで手に入れられた事、お子さんを通してきた事で、絶対ご主人からだと直感したそう（セッションでは、ご主人からプレゼントが届くから、気に留めておいてね、とお伝えしてあった）。

　最初は、依頼主さんは「本」とだけ私に伝えていたのだが、本の内容も関係ある気がして、どういう本なのか聞いたところ、ご主人の「あれは身体が楽になった」という声が聞こえた。ご主人は、それも伝えたかったのだな、とわかったので、依頼主さんにお伝えした。ご主人の身体が少しでも楽になるようにと受けた施術だったので、よかったと依頼主さんは喜んでくれた。

　どういう形で、どういうタイミングで、何が届くかはわからないけれど、亡くなった方達は必ず答えてくれる。信じるか信じないかは、人それぞれだけど、依頼主さんが幸せになるのなら、私はとことん信じようと思う。

レムリアのイケメン戦士

マウイに住む友人の「ひらけゴマ！」という、レムリア時代の過去世を教えてくれるセッションを受けた。

レムリア時代の私の姿。

それは、「イケメン」（←ここ大事）戦士だった〜!!
女神かと思いきや、おもいっきり男だった〜!!（←やっぱりね
……）
宇宙船と地上（ムー大陸）を勝手に行き来する不良戦士（笑）。
でもパワフルで優秀（←友人の言葉）だから許されていたらしい。

下には、最近知り合ったKちゃんが率いる子供たちの学校が
あって、その子たちとよく歌を歌っていた（歌を歌っていた感覚

はあるが、「蛍の光」がピンときてなかった理由がこれだった！

*レムリアが沈む時にみんなが歌っていた歌が「蛍の光」だった
　と言われている。

　私が地上に降りると必ず寄るところがあって、それは「レムリ
アのおばあ」こと、友人のところに報告しに行く事（今と変わら
ない）。そして、妖精Nちゃんが癒してくれる（永遠のあこがれ
宇宙船に行けば、Zちゃんがよく会議をしていて、それを傍観し
ていた私（今でも指示出し担当のZちゃん。私も会議を傍観し
ていた記憶あり。オリオン大戦の時の記憶かと思っていたが、こ
っちのだったのかも）。

　アトランティスが攻め込んできた時は、背中の羽を大きく広げ
パワー全開で戦っていたらしい。でも、結局レムリアは沈む。大
好きだったみんなを「助けられなかった」という罪悪感が残った。
「失敗につきレムリア計画は終了」という言葉はどこかで絶対聞
いていた。今世初めて聞いた時、号泣した。

　セッション後、新たな事がわかった！
　それは、レムリア時代の私には相棒がいた！
　二人でつるんではあっち行ったりこっち行ったりのイケメン・

マッチョ（←ここ大事）戦士。二人が通ると、人が道を開ける。

　その相方がなんと、最近出会ったMちゃんだった！

　Mちゃんとは、彼女が私のセッションを受けてくれた日から、毎日のようにお話する仲。Mちゃん自身もパワフルなチャネラーさん。やっぱり繋がっていたんだね〜。

仲間で転生するって、本当なんだね。

CHAPTER FOURTEEN

エンパス

　子供の頃は、よく、「繊細すぎる」と言われた。

　自分でも、「なんでこんな事で傷ついているんだろう？」

　と子供ながらに思った。ふっと突然、悲しくなったりする事が
あった。自分にはなんの理由もない。急に怒りが湧いてくる事も
あれば、楽しくなる事もあった。笑っている大人を見て、

「この人、泣きたいのになんで笑っているんだろう？」

　って思う事もあった。

「人の感情と同調する」

　これが「**エンパス能力**」だと知ったのは、もういい大人になっ
てからだった。でもわかったおかげで、だいぶ人の感情と自分の
感情の区別がつくようになった。

　先日、友人の愛猫が亡くなった。それを聞いて、その友人宅に行った。自分も悲しかったし、友人も悲しんでいたけど、その区別はついた。だけど、お互い心穏やかにおしゃべりをしていたら、急に、悲しみが襲ってきた。えっ、と思った瞬間、友人のお子さんが学校から帰って部屋に入ってきた。**ああ～この子の悲しみだ**と思った。表情からは何も読み取れない。なかなかのポーカーフェイス。こんなにも悲しんでいるのに……。一応友人にそれを伝えたら、

「この子は顔に出ないけど、さっき泣きながら部屋に入ってきた上の子より、全然繊細」と言った。さすが母親。わかっている。

　子供の頃は、人と自分の感情の区別がつかず、なかなかキツイ幼少期だったけど、この与えられた能力を、今自分のセッションで使えているのは、障害どころか、ギフトだったなと思う。

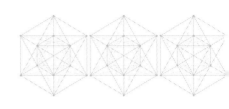

CHAPTER FIFTEEN

セドナと龍

　友達に「飛行機チケット余ってるんだけど、セドナ行かない？」って言われてから2週間後、アリゾナに向かう飛行機の中にいたセドナは実に20年ぶり。気候もまだ暖かいし、久しぶりのボルテックスも楽しみだった。フェニックス空港に着いて、荷物を取って、空を見上げたら、なんと、**龍がいた**。ドラゴンじゃなくて龍。しかも、たくさん。

「**アリゾナに、龍っているんだ〜！**」と思いながら、前日にやっととれた宿に向かった。レンタカーを2時間ほど走らせて着いた宿のドアを開けて、デーンと最初に目に飛び込んできたのが、壁に飾られていた木のアート。

　そこには、**九頭の龍が彫られていた**。

　真ん中にいる一番大きな龍は、陰陽のボールを持っていた。素

牧なアリゾナチックなインテリアの中に、なぜかアジアンテイストの龍のアート。**ここに呼ばれたな**、と思った。

アリゾナと言えば、ターコイズ。

石好きにはたまらない石である。

一口にターコイズと言っても、いろんな種類があって、アリゾナで買うならアリゾナで発掘されたターコイズ、しかも原石が欲しいと思っていた。だけど……高かった。

原石は数が少ない上にお高い。いまいちピンとくるものもなかったし、原石はあきらめ、加工された可愛い平たい卵型のターコイズを選んだ。

お店の人曰く、ターコイズは女性性と男性性の統合の石。

陰陽統合。

そう言えば、アリゾナの空には龍、空港はフェニックス（鳳凰）空港。龍と鳳凰は陰陽の象徴。ここにも陰陽統合のサイン。

翌日、もうちょっとメッセージが欲しいと思って、宇宙にチャネリングしてみた。

その時に見えたイメージ。

アリゾナの土地に、龍がワーッとエネルギーを注いでいる。

そのエネルギーが土地に浸透して満たしていく。

注いでいるのは、土地に含まれているターコイズにだった。

龍＋鳳凰＋ターコイズ＝陰陽統合?!

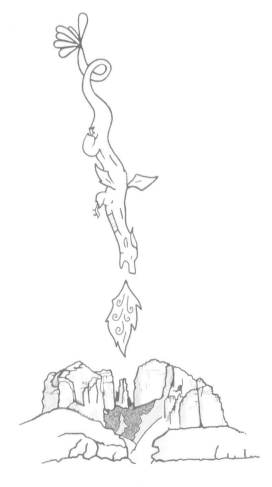

〈 手のライトランゲージ 〉

　私は宇宙語はしゃべらない。なぜ話さないの？　と聞かれても、わからない。

　そもそも、しゃべりたいという欲求もない。

　だけど、一年ほど前のある日、瞑想中に突然、手が動きだした。

　座禅のように足を組んで、目をつむっていると、勝手に手が上に伸びて行って、勝手に「踊りだした」のだ。

　何をしているのか、わからなかった。

　その日以来、静かに目を閉じて瞑想していると、両手で形を作ったり、交差させたり、うねうね蛇のように天に向かう動きをしたり、その時の感覚によって、やる事は違うのだが、手が勝手に動くようになった。

　音楽をかけている事が多いので、音楽に合わせて、動く。

　自分でも何をやっているんだろう？　と不思議に思ったけど、誰にも言わなかった。絶対、変だもん。

　でもそんなある日、ロスにいるロミオ君（Sacred Romeo で検索）という YouTuber の動画に出会った。

　彼も音楽に合わせて、手を動かしている。私とは違うけど、でも似た動き。

そしてそれが、「ライトランゲージ」だと知った。ずっと「宇宙語はしゃべれないし、しゃべらない」って言い続けてきたけど、私は私のやり方で、ライトランゲージをしゃべっていた。

　「絶対、変」と思っていたくせに、YouTuberのAkiko（akikoSpiritual）さんが開催した「ヒーリング・チャネリング祭り」で披露する事になった。

　そうしたら、驚いたことに、「私も手が動く！」「ライトランゲージだったんだ！」というコメントが多く寄せられた。

　嬉しかった。その日以来、誰かが言ってくれた「宇宙パラパラ」というあだ名になった。

　手を動かしていると、なんだか気持ちいい。だから、わけもわからずやってたけど、「手を動かして、何をしているんだろう、私？」という疑問が湧いてきた。そんな時、今度はAbigail WainwrightさんというYouTuberに出会った。彼女も手のライトランゲージをする一人だった。彼女の動画で、それが「アクティベーション」だとわかった。「光の柱を立てるアクティベーション」。手を動かしながら、光を降ろしていたのだ。この降ろし方は、過去世でもやっていたに違いない。だから自然とできた。ある日突然宇宙語が話せるようになる人、私のように手を使って光を降ろす人、他にも様々なやり方があるのかもしれない。

　私の知らないライトランゲージもきっとあるはず。あなたのライトランゲージは、なんですか？

　宇宙パラパラを見てみたい方はYouTube：yoshino_lightを検索してね♡

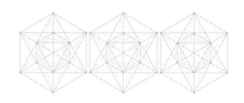

白いピラミッド

　セドナに行く事が決まってから、友人の「宇宙のルーツを知る」というセッションを受けた。その時にいただいたイメージの一つに、
「**白いピラミッド**」があった。

　その白いピラミッドは、「宇宙のピラミッド」らしく、その前でアセンデッドマスターたちの魂が集まっている。それは宇宙バージョンのアカシックレコードらしく、**私はその高次元の集合意識にアクセスする事が可能**だと言われた。
　この「宇宙視点を保つ」事が私に必要なワークらしい。それを聞いた時に、リマインダーとして、セドナで白いピラミッドを買おうと思っていた。

出会ったピラミッドは小さな小さな、オパライトのピラミッド通常のオパライトは自然石ではなく、人工的に作られた石、つまりガラスなのだが、乳白色な色合いが大好きで、その白いのを選んだ。カシードラルロックというボルテックスで、浄化して、写真撮影をした。太陽の光が当たると、レッドロックのせいか、なぜか底が真っ赤に写る。

　アシュタールに、私はエジプトの過去世で、ピラミッドを作る一族だったと言われたけど、子供の頃から異様にエジプトに惹かれ、特にピラミッドが好きだった。

『王家の紋章』（細川智栄子あんど芙〜みん著、プリンセスコミックス・秋田書店参照）なんてバイブルのように読んだ。実は、教科書に載っている「ピラミッドの建設方法」を見て、子供ながらに「そんなわけないだろｗ」と思っていた。
　あとで、宇宙人の指示のもと、石をテトリスのようにパチンパチンと積み上げていくビジョンが浮かんだ。そういう作られ方の方がピンとくるのは、私だけだろうか？

　セドナでもう一つ出会いがあった。
　セドナの石屋さんをぶらついてて、一目ぼれをした。なんて美しい……。優しくて深い、愛にあふれたエネルギー。

　ドキドキ。手に取って、

「ヤベ……。重いけど……。連れて帰りたい……」。今まで見た
事のない石だった。一瞬ターコイズかとも思ったけど、色味が違
うし、エネルギーも違う。もっと柔らかい、優しい、深い感じが
した。ターコイズはもっと雄々しくて強い。

　お店の人に聞いたら、

「Trolleite（トロレアイト）」だと教えてくれた。

「うちに来たいって言ってるよね?!」と友達に、半ば強制的に
同意させ、連れて帰る事にした。

　翌日、ベルロックというボルテックスへ行って浄化。ベルロッ
クの土にはクリスタルクオーツが多く含まれているらしく、トロ
レアイトがここに来たいって言ったのかな？

　お店の人がくれたトロレアイトの説明書には、

「**アセンションの石**」と書いてあった。

CHAPTER SEVENTEEN

ホピ族の長老

　セドナ行きが決まってから、突然、「**ホピ族**」という言葉が降りてきていた。

　ホピ族は、ネイティブ・アメリカンの種族の一つで、調べてみたら、アリゾナ先住民だった。アリゾナと言えば、ナバホ族の方が有名だけど、私に浮かんだのは、ホピ族だった。

　その後、受けた知り合いのセッションで知った、先住民の長老だった時代のこと。シワシワの鷲っぱなの長老は（また男だよ。今回はイケメンじゃねーし）、光を降ろしていた。

　光を情報に変換して、村人たちに伝えるシャーマンだった、と教えてくれた。

＊ ＊ ＊

「源に近い視点から見ていた時、
　　銀河ができて、
　　　すべては始まりがあり、
　　　　あってないようなものであり、
　　　　　永遠に続く」

＊ ＊ ＊

　こう伝えてきた存在の魂が、彗星のように降ろされて、長老の魂に入っていると言われた。
「ホピ族はメッセージを残しているらしいから、セドナに行った時、その存在が話してくれるかも知れないね」と彼女は言った。

　その後、セドナのお土産屋さんをぶらぶらしていたら、ホピの人がやってるお店に出会った。ジュエリーもあったが、私はカラフルな木彫りの人形に目が留まった。
　なんか、可愛い……。

　お店のひょうきんなお姉さんが、

69

「**カッチーナ人形**」だと教えてくれた。

　カッチーナは精霊の化身で、お祭りではそのカッチーナの格好
をして踊ったり歌ったりする。

　それぞれ意味合いがあって、お姉さんは丁寧に一体一体、説明
をしてくれた。私は、ふんふんと説明を聞いていたのだが、茶色
い顔をした「**マッドフェイス**」が「**子供たちを守るお役目**」と聞
いた途端に、涙がぐっと込み上げてきた。

「また子供関係だな……」って思いながら、そのままご購入ｗ。
ついでに他の子たちも連れて帰ってきた。

　カシードラルロックでサボテンと写真撮影しながら浄化。宿に
帰ってから気がついたのだが、泊っている宿の住所がカッチーナ
通りだった。

70

〈フラーレン〉

　私は宇宙パラパラ（P64参照）をしながら、光を降ろす方法を思い出したが、今世でもう一つ、光を降ろす方法を教わった。それが「フラーレン」。フラーレンとは、五角形と六角形で成り立つ32面体。この形は、最強のパワーが宿る、完璧な多面体と言われていて、あのレオナルド・ダ・ヴィンチが追究していたと言われている形なのだそう。水晶で作るフラーレンの中には、常にグレート・セントラル・サンのエネルギーが循環している。五角形から入り、すべてが浄化され、六角形から出て行く。

　グレート・セントラル・サンのエネルギーってなに？　って聞かれれば、それは「愛」だよ、と答えるだろう。私がアセンションし、光の中に漂っていた数秒は、愛でしかなかった。人間が持つ、愛情とは違う、「すべて有って、すべて無い」感覚。至福だった。そんな愛を広めるのが、フラーレン。

　私は人のエネルギーが読めるので、その人のエネルギーに合った、あるいは必要なパワーストーンを選んで、オリジナルのフラーレンを作るのが好き。フラーレンはもう何個も作っているので、今では目をつむってでも作れるが（ウソです）、実は、ネットに載っていた展開図を見たら、多少の試行錯誤はしたが、けっこう

71

簡単に作れた。後で講座を受け、正式にフラーレン・クリエーター
ーとなったが、フラーレンもまた、過去世で作っていたのかな、
と思うくらい自然なものだった。フラーレンはフラーレン同士で
共鳴し合っているので、フラーレンとフラーレンを結ぶと、地球
に光のグリッドができるのだそう。私はいったい、どれだけの光
を降ろせばいいのだろう（笑）。

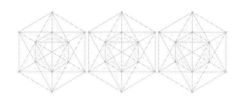

地球のため

　私は、手で光を表現するライトランゲージをやるのだが、それを今回セドナでやると決めていた。それに、

「アクティベーション・エネルギーを込める」のも、わかっていた。だけど、どうやって、の部分がハッキリしていなかった。それが、出発する数日前、メッセージをもらった。

　ホピ族の長老だった時にやっていたように、

「**光を降ろす**」。

　光を情報に変換して広める。

　なんの情報？　それも、笑えるくらいのシンクロでわかった。私の、そしてすべての人の、**陰陽統合**。光と闇の融合。女性性と男性性の融合。それが今回私に与えられた課題。「**それが地球の波動を一気に上げる**」と、宇宙は言ってくれた。

私に、そんな事が、できるのだろうか。でも、光を降ろしなが
ら、私はもう「**自分**」**をやっている時は過ぎたんだな**、と感じた
自分の意思など、もうない。動かされているだけ。導かれている
だけ。宇宙はそれに気づくよう、様々なシンクロをいつでも私達
に用意してくれている。

　３次元の私も大事だけど、**地球の、そして人類のアセンション**
のため、そのためだけに私は存在している。

光に戻る

　日本が令和になり、まぶしい光を放ったあの日以来、不思議な事が起こり続けている。いや、昔から不思議な事ばかりと言えばそういう気もするが、それが普通と言えば普通だったりもする。思い返せば、アシュタールに渡されたスターシードがはじけた瞬間は、あの時だ。

　いつかの幽体離脱の時のように、急にものすごいスピードで意識が身体を離れ、地球を出た。

　ただ今回は、更にその奥まで行った。地球からどんどん離れて行って、気がついたら、大きな、大きなまぶしい光の中にいた。

光に「帰って」行った感覚。

「私たちは誰もが同じ光から生まれたんだ」と悟った瞬間、意識が、一瞬で身体に戻った。

３次元の私の身体は、泣いていた。そして悟った。

「この世はゲームだ……」と。

自分に起きる全ての事を自ら設定してきた。そう悟った。

そして、「愛」に包まれていた。

自分が愛そのものだった。あの人もこの人も、みんな自分の一部。みんな同じ光から生まれた。

ワンネス。

有であり、無である。すべてが有って、そして何も無い。そんな感覚だった。これが私がアセンションした瞬間だった。

ここで一言。

アシュタールに星の種をもらってようがもらってまいが、あなたが自分はスターシードだと思えばそうなのだ。そして、私たちは誰もがライトワーカーだと私は思っている。どっちがえらいかって問題でもないし、私に言わせれば、スピの知識や経験があってもなくても（ないと思い込んでいても）、３次元を楽しんでいる人が一番スピリチュアルであり、それこそがアセンションへの道なのだ。

〈 ライトコード 〉

ライトランゲージというのは、ライトコードの一つである。

　これもまたある日突然起こった事なのだが、ペンを持っていた手が勝手に動きだして、何か書き始めた。なんだかわからない文字、図形のような、見た事のない言語のようにも見える、うねうね文字を描きだした。これが止まらない。あっという間に、ノート何枚分も描きあげていた。

　これはいったい、なんなのだろう？　と思って、ネットで「うねうね文字」を検索してみたら、「ライトコード」だという事がわかった。「マトリックス」（1999）の映画に出てくるような暗号、なんらかの情報を描いていた。でもそれが何を意味するのか、自分ではさっぱりわからない。だから、仲間に、「これを解読できる人いますか？」って聞いてみた。そうしたら、現れた（宇宙よ、サポートをありがとう）。彼女はチャネリングで、こんな素敵な言葉を降ろしてくれた。

　これは、読んでくれているみなさんへのメッセージだと思ったので、シェアします。

＊＊＊＊＊＊＊＊＊＊＊＊＊＊＊＊＊

あなたに託したことを

あなた自らが行うことに

心より感謝するとともに敬意を表する

愛は普遍であり

愛はすべてを司るもの

愛を抱き

愛をわかち合うこと

これ まさに愛の成すこと

あなたが地球で行うこと

あなたが気づこうと気づかまいと

あなたの魂はあなたを導くであろう

あなたが行うことで

すべてのものが癒され

すべてのものに行き渡り

すべてのものに届けられるだろう

あなたはライトウォーリア

あなたはライトワーカー

あなたはすべての一部

みなに愛をくべよ

自身に愛をくべよ

それがあなたが成すべきこと

愛を持って

愛を広め

愛を持って

祝福を

わたしたちは

いつでもあなたのそばにいる

あなたが必要な時には

あなたを支え

あなたを導く

愛する我が戦士よ

愛の繁栄に祝福を

＊＊＊＊＊＊＊＊＊＊＊＊＊＊＊＊

CHAPTER TWENTY

スターシード達の配置

　光に戻って覚醒した時にわかった事の一つに、
「**スターシードたちは、配置されている**」というものがある。

　私の場合、幼少期は、父の仕事の都合で、海外を転々として育った。こう言うと、羨ましいと言われる事が多いけど、子供にとっては、2年に1度の転校なんて苦痛でしかなかった。生まれた時の家に今もいるという友人の方が、よほど羨ましかった。私には、幼馴染もいなければ、「**自分の国**」と呼べる国もない。

　当然、私のような環境で育った子が陥る、自分は何人なのか？という**アイデンティティ・クライシス**に見舞われた。

　両親は日本人で、国籍は日本でも、日本には人生の5分の1も住んでいないし、価値観とか中身は日本人らしいとは言えない。

アメリカが一番長く住んだ国だけど、見かけからしていつだって「外国人」。**いつも、「ホーム」と呼べる場所を探していた。**

　そんな時出会ったのが、何かの漫画で読んだ、こんなセリフだった。「恋もテニスも手に入れる」(『エースをねらえ！』のお蝶夫人だった気がするのだが、定かではない)。誰が言ったにせよ、私の中に大きなランプがピコンピコン点滅した瞬間だった。
「そっか！　両方手に入れればいいのか！」

　つまり、私はこれを、
「それぞれの国から、いいとこ取りする！」
　と解釈したのだ。

　私は、何人という枠を超えて、**「よしの星人」になればいい**のだと。子供が考えそうな事だが、私は実にこれを忠実に守ってきた。常に、いいとこ取りをしようと心がけ、今に至る。

　だが、当然ではあるが、
「よしの星人」は一人しか存在しない。
　仲間などいないのだ。
　孤独だ。
　自分一人しかいない星なんて、孤独なのだ。

だけど、自分の居場所と呼べる場所はないものかと想いを馳せながらも、ないもんはないと、意外と素直に受け入れてもきた。

　それが去年、覚醒と同時に、気づいてしまった。
「**地球が私の居場所だった**」ということに。

　そして、この「**どこにも属さない感覚**」も、「**孤独**」も、スターシードあるあるだったのだ。

　そしてもう一つわかった事。
　それは、スターシードたちは、**役目を遂行する場所に配置されている**、という事。

　今いる場所は偶然ではないのだ。

　今は、素晴らしい環境を与えてくれた両親と、宇宙家族との出会いに感謝している。スターシードたちの舞台は、常に地球全体。これを読んでいるあなたもまた、地球上のどこにいようと、そこに配置されたスターシードなのかもしれない。

スピリチュアルに関する
質問と回答

私は、2019年の3月に、意識だけアセンションしました。その瞬間から、宇宙の叡智を授かり、知識はなくとも、「すべてを知っている」という感覚になりました。そのうち、たくさんの方々から、ご質問をいただくようになりました。あくまで私の感覚ですが、多かった質問への私なりの答えをシェアさせていただきたいと思います。

（YouTubeで他の質問にも動画でお答えしています。よかったらyoshino_lightで検索してみて下さいね。）

Question 1

覚醒と気づきの違いってなんですか？

Answer 1

　人によって言葉の使い方は違いますが、私は「『気づき』が重なって、『覚醒』が起きる」と思っています。「アセンション」は「覚醒」に当たります。ではまず、「気づき」とはなんでしょう？「気づき」とは、目に見える事がすべてではない、と思い出す事です。それは日々の様々な所に転がっています。テレビの報道は「これは本当なのかな？」自分がその場で直接見て聞いているわけではありませんよね？　すべてを疑ってかかれと言っているわけではないし、良し悪しのジャッジをしましょう、という意味でもありません。どんな事も鵜呑みにせず、まずは自分の感覚を研ぎ澄ませましょう、という事です。次に「覚醒」とは、「マトリックス」を出る事です。マトリックスとは、私達をドラマの中におさえ込んでいるグリッドのようなものです。マトリックスを出るという事は、すべての事を俯瞰する、という事です。それは、私達がこの地球に学びに来た、経験を積みにやってきた魂である事を思い出す事です。今の現実は、あなたが作り上げた幻想です。だから、ここから先も、あなたの好きなように作り上げていく事

が可能なのです。あなたは、どんな世界に生きていきたいですか？　覚醒は一回ではないと私は思っています。玉ねぎの皮をむくように、人は何度も覚醒を繰り返していく。覚醒する度に、自分の更に内側へ、そして宇宙の更に奥へといく。私も次の覚醒を楽しみに、日々、魂を磨いています。それは、アセンションしたと言っている今もです。身体ごとアセンションするその日まで、繰り返されるのだろうと私は思っています。

Question II

アセンションプロセスについて教えてください

Answer II

　アセンションプロセスは、「螺旋階段のようなもの」だと私は
よく言います。右肩上がりに一気に上昇するように思われがちで
すが、本当は、弧を描きながら上昇していきます。なので、一見、
同じ道を通っているように錯覚してしまう事があります。「ああ
〜また同じ事やっちゃった〜」「この問題クリアしたと思ったの
に、またやってきた〜」と思った事、ありませんか？　そう思っ
ても当然です。でも覚えていて下さい。あなたは、前回より、少
しだけだったとしても、必ず何かを学び、上昇しているのです。
そして、宇宙は「お試し」をぶち込んできます。それは「本当に
学んだ？　他のやり方、ない？」とあなたに聞いているのです。
だから、同じことを繰り返しているように感じる時はあります。
そんな時は、あなたは必ず前より成長していると信じて、目の前
の事に取り組んで下さい。

Question III

アセンションした事についてどう思いますか？

Answer III

　実は、自分の幽体離脱体験が「アセンションした体験」だったと認識したのは、一年くらい経ってからでした。友人に「それはただの幽体離脱ではないでしょ。ただの幽体離脱だったら、『すべてわかる』って境地には至らない」と言われ、確かにそうだと思いました。私の幽体離脱の経験は実は２度目で、１度目の時は「私は自分でこの地球を選んでやってきた」という悟りでした。でもそこ止まり。今回とは確かに違う感覚でした。友人の言葉でアセンションしたんだと腑に落ちたと同時に、びっくりもしました。なぜなら、15年ほど前に読んだ本に「思考の強い人はアセンションしない」と書いてあったからです。その本が「アセンション」という言葉との出会いでしたが、正直、アセンションがなんなのか、本を読んでも良くわからなかったし、ただ、「なにも考えていない女子高生の方が『なにこれ〜キラキラしてる〜あはは〜』とアセンションを受け入れやすい」と書いてあったのだけは覚えていて、自分は思考型だからアセンションするタイプじゃないわ〜と思っていたからです。別にアセンションしたいと思っ

た事もなければ、よくわからないけど、自分には関係のない話だとずっと思っていました。でも、考える事が大好きで、自分の頭の中がうるさいと思うほどに思考の強い私がアセンションしたのですから、「思考の強い人はアセンションしない」という仮説は無効である、ということが、私で証明されたと思います（笑）。

思考を捨てる必要はありません。大事な才能です。思考の使い方を変えていく時期なのです。今までは思考重視で、思考に感情が揺さぶられていた時代から、感情（ハート）重視の、思考を使って感情を表現していく時代になったのです。

Question IV

ライトワーカーと
ライトワーカーでない人がいるの？

Answer IV

　私は、すべての人がライトワーカーだと思っています。でも、ライトワークを発動させるかどうかは、人それぞれです。例えばライトワーカーの多い看護師のお仕事ですが、お金のためだけ（お金のため、という理由は素晴らしいと思いますが、そのためだけではライトワークとは言えません）、好きでもないけど親族がみんな医療関係だから、などの理由で、イヤイヤやっていたのでは、それはライトワークにはなりません。逆にどんなに小さく見える仕事でも、そこにお金が発生していなくても、心を込めて楽しいとワクワクしながら過ごしているのなら、それは立派なライトワークです。「人に役立つかどうか」を指針にする必要もありません。結果論だからです。あなたが楽しく波動を上げながら行動した事ならば、それは周りに良い影響を与え、結果、誰かの励みや癒しになったり、誰かの役に立ったりするのです。あなたが好きでやっている事、楽しいと思える事、それがあなたのライトワークであり、あなたはライトワーカーです。

Question V

スターシードとそうでない人がいるの？

Answer V

　スターシードとは、地球に転生してくる前、アシュタールに「星の種」を授かった者達の事を言います。もらった星の種がはじけた時、あなたは、契約した通り、スターシードとしてのお仕事が始まります。はじけないまま今世を終える人もいれば、種をもらわずに地球に転生した魂達も当然います。もらったからえらいのか、と言ったらそうではありません。スターシードというのは、カテゴリーだからです。要は、働きバチなのです。アシュタールは、自分の本の中で、スターシードたちをまとめる「ゲートキーパー」などのカテゴリーについても書いています。ゲートキーパーたちは、女王蜂と言ったところでしょうか。どっちがえらくて、特に「選ばれし者」というわけではなく、契約を結んだか結んでないか、それだけの違いです。でも種がはじけたのであれば、行動しないではいられません。それがスターシードです。何をさせられるかは人それぞれですが、あなたがこの本に出会っているのであれば、契約を交わした可能性は大です。覚悟して臨んで下さい。

Question VI

カルマはあるの？

Answer VI

　難しい質問ですね。なぜなら、あると思えばあるし、ないと思えばない、ものだからです。あなたが「カルマはある！」と信じそれに囚われているのなら、あなたの世界にはカルマは存在するという事です。ですが、「カルナなんてない！」と思い、囚われる事なく過ごすのであれば、存在しないのです。地球のカルマ、国のカルマ、人種のカルマ、そういうものは、存在はします。だけど、そこに囚われる必要はありません。大事なのは心です。どういった心で取り組みますか？　例えば、ご先祖様に感謝する事はどんな場所でもできます。それを形にしたい、と思うのであれば、お墓参りに行くなりすれば良いと思います。でも、お墓参りに行かないとご先祖様が怒る、と思っていくのであれば、意味がありません。あなたの心の発しているエネルギーがどんなものなのか、確認してみて下さい。エネルギーは循環します。あなたが出したエネルギーと同類のものがあなたに与えられます。波動と同じです。それが宇宙の法則です。

Question VII

時間は存在しないってどういうこと？

Answer VII

　私がアセンションして最初に悟ったのは、「時間は存在しない」という事でした。それはどういう事かと言うと、時間は一方通行ではなく、ホログラムのように存在していて、過去・現在・未来が、同時に存在し、同時に進行している、という事です。だからこそ、エネルギーで過去に戻る事もできるし、未来に行く事も可能なのです。私は大昔に、過去と未来をまたぐ夢を見ました。夢の中で、私は、今の姿のまま、江戸時代くらいの日本に戻り、日本家屋で大勢の女たちと宴会をしていました。次の場面では、未来と思われる大都会にいました。見た事のない三角形の建物や、ガラスでも鉄でもプラスチックでもない、キラキラする素材で出来たビル群の真ん中にいました。そこは、太陽がギラギラと照り付けていたけど、暑くない。そして自分以外の人間は誰一人いませんでした。今思うと、過去世と未来世だったのか？　とも思ったりしますが、わかりません。ただ、その夢で、過去にも未来にも好きな時に行けるんだ、という感覚にもなりました。同時に、過去も未来もいいけれど、「今を生きてこそ」と思いました。本

来、「今」しか存在しないからです。今があるから、過去があり、未来があるのです。今を生きる、という事は、私たちが自分軸で生きる、という事でもあります。

Question VIII

アセンションする人としない人がいるの？

Answer VIII

　私はすべての人がアセンションすると思っています。だけど、今世で全員がアセンションするとは限りません。それは魂の契約によるからです。「眠っている」状態を楽しんでいる人もいます。それはその人の学び、大事な経験だから、それで良いのです。誰もがアセンションしなきゃいけないわけではないし、アセンションした方がえらいわけでもありません。すべては経験であり、優劣はありません。その人たちの選択を尊重してあげて下さい。「自分だけアセンションしちゃうと、家族はどうなるの？　彼らを置いていきたくない」と言う方は多いです。でも安心して下さい。あなたがバージョンアップしたら、バージョンアップした彼らが、あなたのその世界に存在しているのです。もしかしたら、今とは関係性が違うかもしれません。でも誰もが存在しているのです。それが、「他人はほっといていい」と言われる所以です。まずは自分。自分に集中して、自分の望む世界を築いていきましょう。

Question IX

闇の存在って本当にいるの？

Answer IX

　幽界や霊界といったものは存在します。ですが、地球に手出しできないのが宇宙の法則ですから、地球人を悪いように操っている闇の宇宙人がいるというのは、私にはピンときません。何があっても、人間が行っている以上、それは人間の仕業です。とは言え、操ろうとする存在たちはいます。特に最近の闇は巧妙です。光のなりすましをします。「目を醒ませ」とスピ用語を使います（笑）。今の世の中に対する恐怖心をあおり、あなたは人類を救う使命があると言います。そして、どこどこの神社に行けだの、行かないとひどい事が起きるなどと、ミッションを与え、あなたの正義感をあおります。ですが、気づいて下さい。正義感というものは、間違えると、戦争を引き起こすエネルギーと同じです。二極化を産みだします。あなたの恐怖心を少しでも引き出すものであれば、その声は、偽物です。でも、自分軸をちゃんと生きていれば、何者にも「乗っ取られる」という事はないので、安心して下さい。同時に、その闇さえも、統合すると、意識して下さい、闇もけっして、悪ではありません。光があるから闇も存在します

闇も、本当は光のために働いているのです。地球や宇宙と同じように、人の中にも光と闇は存在します。その光と闇を統合すると、あなたの意識が拡大します。例えば、タバコのポイ捨てを見て、どう思いますか？「そんなところに捨てて！　なんてひどい事するのかしら？」と思うかもしれませんね。でもそのエネルギーが実は、タバコより地球を汚しているのです。あなたにできる事は、そのタバコを拾って、ごみ箱に捨てる事です。あるいは、自分はそんな事はしないようにしよう、お子さんがいらっしゃれば、「ポイ捨てをする大人にならないように育てよう」と思う事です。エネルギーの質が違う事は、おわかりいただけると思います。

Question X

なぜアシュタールと直接お話しないの？

Answer X

　以前、私がチャネリングやリーディングができるようになるすっと前、アシュタールに聞いた事があるんです。「テリーさんみたいに、アシュタールとコンタクトできる人って、何人いるの？」と。彼はその時、確か、「3人」と言った気がします。その時点で、「意外といるんだな」と思った記憶はあるのですが、だいぶ昔の話なので、今は増えているかもしれませんね。ただその時、私は、「アシュタールとコンタクトする人は、アシュタールが決めるんだ」と思いました。バシャールが、自分の過去世であるダリル・アンカさんを通して私達にメッセージを送ってくるようにアシュタールもまた、自分の言葉を正確に伝え続けてくれる人を選んでいるんだろうな、と思います。テリーさんもダリルさんもフルトランスになるミディアムで、正確にはチャネラーではないので、アシュタールが身体を抜けた後は、何を話したか、覚えていません。テリーさんに「アシュタールがしゃべってる間、テリーさんはどこに行っている？」と聞いた事があります。

テリーさんは「すっご〜く気持ちの良い、昼寝をしている感覚よ」と答えてくれました。おもしろいな〜と思ったとの同時に、勇気あるな〜とも思いました。だって私は、自分の身体を絶対人に貸したくないので（返してくれなかったら困るｗ）ミディアムにはなれません。なので普段はチャネリングやリーディングという形をとっていますが、一番注意している事は、「許可」を取る事です。遺族だったり、もちろん亡くなったご本人からの許可をいただいて初めて、セッションが成立します。「許可」のないチャネリングやリーディング、ましてや興味本位のチャネリングなどはけっしてしませんし、できないと思います。亡くなっている人でも、生きている人でも、高次元であっても、勝手にチャネリングするのはルール違反ですし、相手は見せたいものしか見せませんので、そもそもできないと思います（自分についてくれているガイドは別です。ガイド達はすでに魂レベルでの許可を取っています）。ですので、私はアシュタールと話したい時は、テリーさんにセッションを申し込むのです。それが、相手のエネルギーを尊重する事だと私は思っています。

おわりに

　このメモワールは当初、電子書籍で私が個人で出す予定でした。すべての手はずが整って、えい！　と送信ボタンを押したら、ありえない事が起きて、トラブルが発生したのです。今?!　この段階で?!　通常なら起こらないトラブル。これは、「時期ではない」という事なのか?　私は出版を保留にしました。数日もすればトラブルも解決し、また、えい!　っとボタンを押せばいいだけになったのですが、「宇宙が待てと言っている」。その思いがぬぐい切れず、せっかちな私は悶々としながらも、タイミングを待っていました。

　そして数か月が過ぎ、その間、高次元から「音」というメッセージが降りてきていました。何を意味しているのかはわからないだけど、急に Clubhouse という新しい音声だけの SNS が流行りだし、私もなんとなく、「これも音だな」と漠然と思いながら、参加してみました。

　Clubhouse に出入りするようになって数週間後、友人がルームで、ある編集者さんを紹介してくれました（こういうサポートには本当に心から感謝）。その編集者さんこそが、この本を世に送り出す救世主となった、高橋さやかさんでした。さやかさんと

の出会いなくして、この本が出版される事はなかったと思います。

　さやかさんと、出版を即決して下さった「代表取り乱し役」の石井健資さんと、この本に関わって下さったすべてのスタッフさん、そして、ヒカルランドさんに、心からの感謝と敬意を表します。本当にありがとうございました！　そして、この本を読んで下さった読者のみなさまにも、心から感謝致します！　ありがとうございました！

　最後に、こんな事を私はみなさんにお伝えしたいです。宇宙は、常に私たちをサポートしています。あなたは唯一無二の存在。この世に、あなたという存在は二人といないのです。それって、すごい事だと思いませんか？

著者：Yoshino

光のエヴァンジェリスト。二度の大きな覚醒体験中に、私たちの源である光に戻っていき、ワンネスを体験。オリジナルのヒーリング・エネルギー「ゴールデンレイ」を使って、その人の本質を導き出すサイキック・セッションが人気。人のエネルギーを視覚化した曼荼羅アート「HIKARI」や、ヒーリング・エネルギーを込めたステンドグラスやフラーレンの販売など、アーティスト活動もしている。カリフォルニア、ニューヨーク、テキサス、フロリダ、シンガポール、台湾などを転々とし、今はアメリカ・ミシガン州在住。

リンクツリー：linktr.ee/healeryoshino
ウェブサイト：manastudio.amebaownd.com
インスタグラム：www.instagram.com/yoshino_light/

イラスト・挿絵：Makiko Tatsumi

アーティスト、YouTuber、Doodler、サンリオで雑誌の編集に携わる。退職後、アメリカへ留学、グラフィックデザイン専攻でサンフランシスコの美大を卒業。今はフリーランスでイラストレーターやクラフターとして活躍。『Fill This Page - A Guided Art Journal』が2021年に Quiet Fox Designs より出版。ハワイ、サンフランシスコ、LA を経て、今はミシガン州在住。

YouTube（PaperLuv）：www.youtube.com/c/PaperLuv
ウェブサイト：www.simplymakiko.com
インスタグラム：www.instagram.com/paperluv_222

アシュタールと私 あるスターシードの覚醒
遠い記憶をよみがえらせて今、目醒めの時がきた!

第一刷　2021年7月31日

著　者　Yoshino

発行人　石井健資

発行所　株式会社ヒカルランド
　　　　〒162-0821　東京都新宿区津久戸町3-11　TH1ビル6F
　　　　電話 03-6265-0852　ファックス 03-6265-0853
　　　　http://www.hikaruland.co.jp　info@hikaruland.co.jp
　　　　振替 00180-8-496587

本文・カバー・製本 —— 中央精版印刷株式会社

DTP —— 株式会社キャップス

編集担当 —— 高橋さやか

自分軸に戻るための
ゼロポイント・セッション
Zero Point Session

いつも外側に目を向けて、他者の意見や視線ばかり気にして
苦しんでいませんか？ 繊細な方でも内観して自分と向き合うことで
他人にゆずっていた自分の椅子を取り戻し
自分本来の場所「ゼロポイント」に戻ることができます。
このセッションでは本来の自分に戻り、この世界で生きやすくなる
ための方法を一緒に辿っていきます。

講師：Yoshino　価格：30,000円　時間：75分（個人セッション）
お問い合わせは「神楽坂ヒカルランドみらくる」まで
http://kagurazakamiracle.com/　☎03-5579-8948

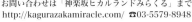

スピリットアニマル・セッショ
SPIRIT ANIMAL SESSION

あなたの魂には、実はある動物が宿っています。
それは、時期によってちがう動物に変化し、
必要な性質や役割へと導いてくれるのです。

そんな動物たちのことを
「スピリットアニマル」 といいます。

スピリットアニマルは三次元世界の動物とは
少し違う性質を持つ場合もあります。
ひとりに対して何匹かついていますが
このセッションでは一番メインの動物をみていきます

どんな動物が自分の魂を
サポートしてくれているのかを知ることで
自分をより深く探求する事ができ
更に自分の進むべき道がみえてくる
不思議なセッションです。

魂の動物が使命へと導く！
「スピリットアニマル・セッション」

講師：Yoshino

価格：25,000円

時間：60分（個人セッション）

※開催日や参加方法などのお問い合わせは
「神楽坂ヒカルランドみらくる」まで
http://kagurazakamiracle.com/
☎03-5579-8948

ZERO POINT 〜自分軸に戻る

Oracle Card Deck

Created by Yoshino

Artwork by Makiko Tatsumi

カードをめくるごとに新たな自分のトビラを開く
エネルギーワークとヒーリング効果をかね備えた
自分軸へ戻るためのオラクルカード、まもなく誕生♪

『アシュタールと私 あるスターシードの覚醒』
著者・Yoshinoがクリエイトし
同書のアートワークを担当した
Makiko Tatsumiが描いた
ロマンチックな世界観を彩る
自分軸に戻るための「ZeroPointオラクルカード」
ヒカルランドパークより2021年秋発売予定!

商品のお問い合わせはヒカルランドパーク ☎03-5225-2671（平日 10:00〜17:00）

『アシュタールと私 あるスターシードの覚醒』

作品の世界に登場する覚醒を手助けするアイテム

トロレアイトとフラーレンがヒカルランドパークに登場！

著者のYoshinoさんが自ら選んでエネルギーを注いだ波動の高いパワーストーンとフラーレンが、
リカはデトロイトからヒカルランドパークにやってきます。輸入にお時間をいただくためオーダー
数ヶ月お待たせすることもあります。在庫状況は常に変わります。お問い合わせはヒカルランドパ
【☎03-5225-2671】（平日 10:00〜17:00）まで。

①月のトロレアイト　　　　8,000円　　②オーラクォーツのフラーレン　　20,000円
③ハートのトロレアイト　25,000円　　④フローライトと水晶のフラーレン　20,000円

※価格はすべて税込

神楽坂ヒカルランド みらくる Shopping & Healing

大好評営業中!!

東西線神楽坂駅から徒歩2分。音響チェアを始め、AWG、メタトロン、ブルーライト、ブレインパワートレーナーなどの波動機器をご用意しております。日常の疲れから解放し、不調から回復へと導く波動健康機器を体感、暗視野顕微鏡で普段は見られないソマチッドも観察できます。セラピーをご希望の方は、お電話、または info@hikarulandmarket.com まで、ご希望の施術名、ご連絡先とご希望の日時を明記の上、ご連絡ください。調整の上、折り返しご連絡致します。
詳細は神楽坂ヒカルランドみらくるのホームページ、ブログ、SNSでご案内します。皆さまのお越しをスタッフ一同お待ちしております。

神楽坂ヒカルランド みらくる Shopping & Healing
〒162-0805 東京都新宿区矢来町111番地
地下鉄東西線神楽坂駅2番出口より徒歩2分
TEL：03-5579-8948 メール：info@hikarulandmarket.com
営業時間11：00～18：00（1時間の施術は最終受付17：00、2時間の施術は最終受付16：00。イベント開催時など、営業時間が変更になる場合があります。）
※Healingメニューは予約制。事前のお申込みが必要となります。
ホームページ：http://kagurazakamiracle.com/

[新装完全版]魔法の学校
著者:宇咲愛、レゴラス晃彦
A5判ソフト
価格(税込):**3,666 円**

標識はあなたのタマシイだけ!

これが新時代の地球の歩き方
好評を博した名作が
新たな情報も加わりよみがえる!

「わたしたちは、自分の人生のシナリオを自分で決めて、
課題をたくさん設定して、
魂の成長をさせるために地球に来ています。

いまこそ、あなたが地球に生まれるときに
設定してきた自分の役割を思い出すときです。

本来のあなたはクリエイターであり、
あなたが望む未来に波動を調整することで、
日々の生活にミラクルを起こすことができます。

苦行ではなく、ワクワク楽しむという
魂の磨き方を習得しましょう!」

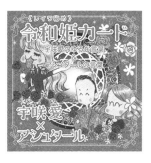

令和姫(レイワ秘め)カード
著者:宇咲 愛
価格(税込):**6,111 円**

日本で唯一!! アシュタールの
公式チャネラー・宇咲愛さんによる
『 令和姫(レイワ秘め)カード 』

"宇咲愛のゆるむ言葉"
"アシュタールの言葉"

いずれも、
宇咲愛さん自らセレクトして下さった!
スペシャル・メッセージからなる☆カード集。

女性の手にもなじみやすい、円形カードで毎日☆
アシュタールの高波動〜♪
ゆるゆるメッセージの癒し波動〜〜〜♪
を、ダウンロードしていただけます。

使いかたはあなたしだい!
可能性も無限に広がる!
波動調整グッズの決定版☆★
これから地球で必須になっちゃう!?アイテムです。

[新装版]アシュタール
×ひふみ神示1
アシュタールメソッド

著者:宇咲 愛
四六判ソフト
☆好評発売中☆

価格(税込):1,997 円

望みが叶う、というような生半可な体験ではないので
自分が想像さえできない、自分の枠を超えた体験の世界
いま地球もあなた方も踏み出しました!
超エキサイティングな出来事を共に楽しみましょう
そのための「宇宙訳ひふみ神示」なのです!

立ち上がれ、地球の女神たちよ!

宇宙連合の総司令官である11次元のアセンデッドマス
アシュタールの公式チャネラーとなって
宇宙訳ひふみ神示を仰せつかった宇咲愛に、
いま新たにマリア性が光臨!
次元進化真っ最中の著者の始まりとなった記念すべき

[新装版]アシュタール
×ひふみ神示2
アシュタールメソッド

著者:宇咲 愛
四六判ソフト
☆好評発売中☆

価格(税込):1,997 円

変わらないといけない!このままではいけない!
ではどう変化すればよいのか?!
「愛(宇咲愛)が伝えるものを読んでいる人々の99%は、
宇宙意識が覚醒するのだ」(アシュタール)

私は、凄い時代がやってきたものだと感心したのです。
本当に潔く、アシュタールメソッドを実践されている
急激にステージが瞬間移動し、
素晴らしいご体験をどんどんされています。
宇宙は、デジタルです。
ぱんっ!と両手を合わせた瞬間に変化するものなのです
それを信じて実践するかどうか?それだけの話なのです

大好評を博した「アシュタール×ひふみ神示2」が
新たな序文が加わり新装版でリスタート!

[新装版]アシュタール
×ひふみ神示3
アシュタールメソッド

著者:宇咲 愛
四六判ソフト
☆好評発売中☆

価格(税込):1,997 円

私たち人間は、クリエーターです。
なんでもできる存在なのです。
しかし、宇宙でマスタークリエーターと約束した役割
それを「一緒にやろうね」と約束して来た真のパート
変更できません。逆にそれ以外は、なんでも変更がで
寿命さえも!

11次元のアセンデッド・マスターであり、
宇宙連合の総司令官のアシュタールと
マスタークリエイター"宇宙の創造主"による
「ひふみ神示」新次元解釈シリーズ第3弾!

宇宙の周波数と共鳴しやすくなり、
魂が望む人生を送ることができるようになる、
新時代の波動調整方法を大公開!